AF563086

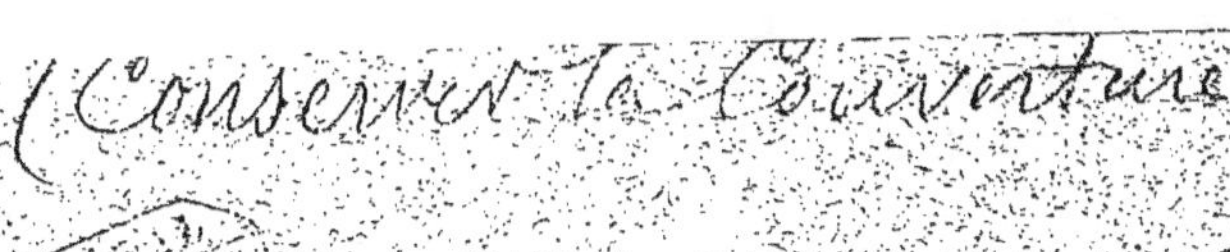

ÉLOGE

DE

M. TOURNIÉ

PRONONCÉ

A LA DISTRIBUTION DES PRIX

DU PETIT SÉMINAIRE D'AGEN

PAR

M. L'ABBÉ COMBES

PROFESSEUR DE SECONDE

(4 AOUT 1880)

Conserver la couverture

8°27 Ln 27 32288

AGEN

FERNAND LAMY, IMPRIMEUR DE L'ÉVÊCHÉ

1880

ÉLOGE DE M. TOURNIÉ

ÉLOGE

DE

M. TOURNIÉ

PRONONCÉ

A LA DISTRIBUTION DES PRIX DU PETIT SÉMINAIRE D'AGEN

PAR

M. L'ABBÉ COMBES

PROFESSEUR DE SECONDE

BIBLIOTHÈQUE NATIONALE IMPRIMÉS

MONSEIGNEUR,
MESSIEURS,

S'il est des noms qui excitent d'ardentes admirations et de violentes haines parce qu'ils rappellent toute une vie d'épreuves couronnée par une glorieuse mort, il en est d'autres qu'on a de redire tout bas! Une vie simple et modeste réclame le mystère et l'obscurité ; l'éclat de l'éloge lui enlève la meilleure partie de son charme ! Nous avons applaudi, il y a un an, au récit d'un drame sanglant, et nous avons salué la noble mémoire d'un prêtre martyr. Après les outrages, l'honneur ; après l'injure, la gloire ; après le martyre, l'apothéose ! C'était justice !

Mais qu'aurait dit l'humble prêtre dont nous avons à écrire la vie, s'il avait pu soupçonner qu'un jour, une assemblée d'élite serait réunie pour entendre parler de son dévouement et de ses vertus. Assurément, il en eût ressenti une vive douleur. Néanmoins, si le respect d'une mémoire vénérée semble nous inviter au silence, la reconnaissance nous fait un devoir de parler.

Vous avez voulu, Monseigneur, que M. Tournié prît place, au lendemain de sa mort, parmi ces vétérans des pacifiques combats de la charité que vous faites proposer ici à l'imitation de vos enfants. Aussi, plus tard, l'on ne parlera jamais de nos vieux prêtres si grands et si dignes sans associer votre nom à leur mémoire, et la jeunesse de l'avenir bénira la délicate pensée qui lui aura su conserver le souvenir de ses modèles.

Parmi ceux-là, quarante années consacrées à l'éducation de la jeunesse donneront à M. Tournié un rang d'honneur, si la faible parole du panégyriste ne trahit pas la gloire de son héros.

I

M. Tournié naquit dans notre ville d'Agen en l'année 1795. Ses parents, humble famille de travailleurs, pauvres mais honorés, étaient du grand nombre de ceux qui subissaient la Révolution comme un châtiment et qui, dans le silence, faisaient des vœux pour le retour de le religion et de la paix. Malgré le malheur des temps, ils avaient déjà vu le prêtre visiter une première fois leur foyer et les bénir au jour de leur union ; ils eurent encore l'ineffable joie de le revoir auprès du berceau de leur premier né !

Arrêtons-nous un instant sur le touchant tableau qui frappe nos regards. Tandis qu'au dehors, la religion est proscrite et qu'une police sacrilège punit comme un crime tout hommage rendu à Dieu, quelques rares amis, artisans modestes, réunis dans une maison de notre ville dont nous pourrions indiquer la place, sont agenouillés autour d'un berceau et un prêtre persécuté verse l'eau qui fait les chrétiens sur la tête d'un petit enfant. Cet enfant, baptisé par un proscrit dans les ténèbres, loin de tout regard indiscret, devait être un prêtre lui-même, le prêtre vénérable que que nous avons connu et aimé.

Il reçut le nom de Pierre, et sa famille demeurée fidèle à une tradition antique, depuis peu remise en honneur au milieu de nous par une de ces délicatesses de la foi que nous savons comprendre et que nous sommes honorés d'applaudir, sa famille lui donna le nom d'un de ces saints glorieux qui seront l'éternel honneur de notre église d'Agen.

On le nomma Caprais.

Son père, ouvrier croyant, probe, laborieux, fut prématurément enlevé par la mort à l'affection des siens ; sa mère, véritable chrétienne, était de cette fière race des femmes fortes qui savent souffrir, pleurer et se sacrifier pour tout ce qui les entoure et porter toujours néanmoins un front serein et une bouche souriante sans un murmure contre Dieu, sans une plainte contre les hommes. L'aïeule avait été la servante du vénéré doyen du chapitre de Saint-Caprais. Inconsolable après le départ de son maître, elle était venue apporter à ses enfants le précieux patrimoine d'une foi ardente et d'un respect inaltérable pour tout ce qui portait le caractère sacerdotal.

Dans un des coins les plus retirés de la maison, la mère avait érigé un petit oratoire. Le soir, quand le silence se faisait sur la ville, devant un crucifix, précieuse relique laissée par M. le Doyen à son départ pour l'exil, devant une statue de la Sainte Vierge, entourée de lumières et de fleurs, se réunissait la pieuse famille, et l'enfant apprenait à bégayer ses premières prières devant cet autel de la persécution, dans les bras d'une mère qu'il voyait souvent pleurer à la pensée des anciens jours

Par un de ces naïfs sentiments de foi que toutes les âmes chrétiennes comprendront, la Vierge du foyer qui, d'après l'usage des temps devait être parée de dentelles, ne portait que des ornements de deuil : une des grandes joies de l'enfant était de la voir aux jours de fête revêtir sa robe éclatante de parures. Ces jours-là, quelques fidèles amis étaient invités et la prière était plus longue et plus recueillie ; parfois même, toutes portes closes, on chantait quelqu'un de ces cantiques qui retentissaient en des jours plus heureux sous les voûtes des Eglises. Souvent aussi, sur les genoux de son aïeule, l'enfant écoutait avec un ravissement ému, raconter les merveilles d'un temps meilleur où dans ces temples dont il voyait les portiques abandonnés, la foule se pressait à la voix vibrante des cloches.

On lui disait les vêtements d'or des prêtres, les majestueuses harmonies de l'orgue, et à certains jours Dieu lui-même, aujourd'hui proscrit du sol de la France, porté en triomphe aux acclamations du peuple, au milieu des nuages de l'encens, sous une éblouissante pluie de fleurs.

L'enfant grandissait, puisant à ces scènes intimes, la vénération qu'il eut toujours pour les magnificences du culte, vénération d'autant plus profonde que sa vive imagination les rêva longtemps avant que son œil pût les voir. Sa mère cependant qui, comme, toutes les mères avait besoin de Dieu pour elle et pour son enfant, douloureusement émue par ces souvenirs, regrettait l'autel où elle trouvait non plus seulement l'image, mais la réelle présence de son Dieu.

Oh ! malheur à ceux qui par des décrets tyranniques, en dépit de tous les droits les plus sacrés de la liberté, de la Religion et de la famille, torturent ainsi le cœur d'une mère !

Un jour pourtant, jour béni dont M. Tournié ne parlait jamais sans larmes, un prêtre proscrit vint chercher un asile dans sa demeure et y célébra la Sainte Messe. Avec quel soin, mais aussi quel mystère fut orné ce pauvre réduit où le ciel devait descendre ; chacun alla d'abord s'agenouiller auprès du prêtre et prépara son âme à la visite de Dieu. Enfin l'heure vint. Trop jeune encore pour répondre aux prières, l'enfant fut chargé de porter le cierge de la communion. Cette scène d'une époque de proscription l'impressionna vivement. Sur ses derniers jours, il la voyait encore. Ce recueillement, ce silence, ces jeunes gens debout à la porte, attentifs aux moindre bruit, sublime garde d'honneur du dévouement et de la foi, ce petit troupeau prosterné, ces larmes, ces sanglots et sur tous les visages cet indéfinissable mélange de joie céleste et de secrète douleur, tout se grava profondément dans son âme. Et quand le prêtre se leva pour aller ailleurs porter les mêmes consolations, tous voulurent une dernière fois baiser sa main bénie ! La mère de M. Tournié prit alors son fils dans ses bras et se prosternant avec lui aux pieds du vénérable prêtre : « Père, dit-elle, bénissez-le pour qu'un jour il puisse vous ressembler. » Le prêtre étendit la main sur cette jeune tête : plus tard et le ciel devait exaucer la prière de la mère désolée.

La Révolution pourtant poursuivait le but hautement avoué de détruire la foi des âmes : et en effet, l'impiété régnait en souveraine dans les temples déserts et sur les croix renversées ; et l'Église en deuil pleurait sur les chemins de l'exil ou gémissait sur la paille des cachots. On croyait avoir étouffé le cri de la conscience chrétienne et chassé pour jamais Dieu de ses temples et sa croyance de tous les cœurs ! Mais quelques prêtres restaient, noble débris d'une légion héroïque, échappés à la prison, à l'échafaud, aux noyades, à la déportation ; ils erraient déguisés de maison en maison et de ville en ville : heureux ceux qui pouvaient les trouver sur leur chemin pour sanctifier leur union ou consoler leur dernière heure ! Ainsi, se léguait dans toute son intégrité l'héritage de la foi, d'autant plus sacré qu'il était devenu l'héritage des martyrs !

Pilate de tout temps scellera des tombeaux. De ces tombeaux sortira toujours une nouvelle génération de croyants ; et l'enfant béni dans les larmes et élevé dans la persécution restera un chrétien vaillant et deviendra souvent un apôtre !

C'est ce qui arriva pour M. Tournié. Dans les souvenirs de son jeune âge, il puisa cette foi qui devait le conduire au sacerdoce.

II

Malheureusement sa famille ne put lui donner les premiers éléments de la science comme les principes de la piété. Le monastère où l'enfant du peuple allait apprendre gratuitement avec l'amour de Dieu, toutes les connaissances humaines, le monastère était désert, les religieux proscrits ! ! Mais comme toujours le décret qui les avait frappés avait surtout frappé la justice et la liberté, et, laissant le champ ouvert à toutes les ignorances et à toutes les barbaries, la Science les avait suivis sur les rivages de l'exil.

A leur place, dans le quartier de la Cathédrale, la Révolution avait trouvé un maître d'école digne d'elle. Un vieil ouvrier tisserand dont les cheveux avaient blanchi partout ailleurs que dans les nobles travaux de l'étude, ouvrait, le soir, après sa journée de travail, son atelier à la jeunesse studieuse. Trois répétitions devaient suffire pour apprendre à lire. A la première, le maître faisait une fois ou deux répéter les lettres devant la petite troupe attentive ou non : chacun retournait ensuite à sa demeure avec ordre « d'étudier la leçon ». A la seconde, généralement la leçon n'était pas sue ; le cachot était le juste châtiment d'une si criminelle négligence. Si enfin, l'intelligence de l'enfant ne s'ouvrait pas à ce procédé démonstratif, la troisième séance était clôturée par le fouet que chacun avec une touchante égalité donnait et recevait à son tour.

Nous ne pourrions dire si ce singulier docteur s'était à lui-même délégué sa mission ou s'il l'avait reçue ; nous savons seulement qu'il fut un des pédagogues de la jeune République en renom dans notre ville, et nous ne croyons pas qu'elle méritât d'en avoir de meilleurs.

Le temps venait cependant, où, déjà sur le seuil de l'adolescence, M. Tournié avait besoin de meilleurs maîtres. Il ne devait pas longtemps attendre.

III

La France, en effet, avait vu depuis dix ans, passer au pouvoir et disparaître tour à tour dans la honte et dans le sang toute une bacchanale de tyrans d'occasion, dictateurs obscurs, fléau de leur nation et opprobre de l'humanité, qui à leurs folles ambitions avaient tout sacrifié, la propriété, la famille, la vie de leurs concitoyens, l'honneur du nom français et au nom de la liberté, n'avaient laissé que le choix entre l'impiété, l'ignorance et l'échafaud.

La noble France était lasse de la tyrannie.

Elle comprit que le seul moyen d'échapper à de vulgaires despotes était de se donner un maître.

Ce maître se rencontra revêtu par la Providence d'une éclatante auréole de gloire. Heureux s'il se fût montré toujours digne de sa mission ! A l'ombre de sa jeune épée, la France respira. La Religion releva sa tête mutilée par les glorieuses plaies des martyrs ;

la Justice reprit le chemin de ses palais déshonorés ! et la Science à l'abri des orages donna ses fleurs et ses fruits.

Nous n'essaierons pas de dire avec quel enthousiasme le vrai peuple se porta au-devant des augustes exilés.

L'allégresse fut à Agen ce qu'elle était partout.

Quoique bien jeune encore, M. Tournié, qui puisait son enthousiasme aux ardentes conversations du foyer domestique, allait le soir avec les enfants de son âge chantant des cantiques par les rues de la ville et faisant entendre aux échos étonnés les louanges d'un Dieu dont on n'avait longtemps prononcé le nom que pour le blasphémer et le maudire.

Sa mère, qui avait formé sa jeune âme et lui avait vu prendre si bien l'empreinte salutaire de la piété, le remit entre les mains du vénérable curé de Saint-Caprais, et ce fut une des grandes joies de ce cœur maternel de songer que les mauvais jours étaient finis et que l'œil du prêtre serait désormais ouvert sur ce trésor dont elle était si fière.

M. l'abbé Dumas, curé de la Cathédrale, ne tarda pas à remarquer son jeune auditeur, enfant espiègle, toujours souriant, mais soudain recueilli quand venait l'heure de la prière et du travail.

Ses progrès dans la science du catéchisme furent si rapides et sa piété si précoce, que M. Dumas l'admit bientôt à la première communion.

Que se passa-t-il en ce jour béni dans son âme ? Entendit-il une première fois la voix de Dieu, ou cette voix ne l'appela-t-elle que plus tard ? Nous l'ignorons. La rare modestie de M. Tournié ne laissa rien transpirer des secrets du ciel. Mais M. Dumas devinant qu'il y avait dans ce pieux enfant les germes d'une vocation sacerdotale, encouragea sa famille à l'envoyer au collège communal. La mère ne recula devant aucun sacrifice et, à la rentrée des classes 1808, M. Tournié commençait ses cours de latin.

IV

Il fut un écolier modèle. Les rares survivants de cet âge s'accordent à parler de son intelligence prompte et étendue, de son ardente application à l'étude, de son aimable simplicité. Il était déjà par son jugement et ses manières, ce qu'on est convenu d'appeler un homme. Il accomplissait son devoir sans affectation, mais avec une régularité qui ne souffrait pas d'exception. Cette fidélité trouvait son principe dans une piété sincère et dans son amour filial. Car le trait distinctif du caractère de M. Tournié était un inépuisable amour des siens, une tendresse que l'on pourrait appeler passionnée ; et si l'on peut dire qu'il eut jamais une faiblesse, elle était là ! Du reste, il avait dès son enfance perdu son père, et il se regardait comme le soutien de sa maison.

Ainsi stimulé dans ses études, M. Tournié eut d'étonnants succès. La fin de chaque année était pour lui un triomphe. Peu à peu la réputation du brillant écolier franchit les limites du collège. On parla de ses rares aptitudes dans son quartier d'abord, et, la faveur aidant, dans la ville entière. A son entrée dans le monde, il avait une sorte de célébrité locale. Ses vieux amis, ses protecteurs affirmaient « qu'il avait de l'avenir, beaucoup d'avenir ! »

Or, ce n'était point peu de chose dans une ville de province qui, s'il faut en croire Jasmin, gardait encore à cette époque un reste de l'honnête physionomie et de la patriarcale simplicité d'autres fois. Le mauvais état des routes, la difficulté des communication- et aussi cet amour du sol natal qui anime tous les cœurs bien nés retenaient l'homme fait à l'ombre du clocher qui avait abrité son enfance. Chacun aimait à dormir son dernier sommeil à côté de ses aïeux sans songer à laisser un pays où il trouvait le bonheur.

Notre ville d'Agen était donc un centre.

Or, Agen, à cette époque, avait un collège célèbre à plusieurs lieues à la ronde. Nous avons entendu des vieillards parler avec admiration de l'institution de M. Boë, qui rivalisait avec les meilleurs établissements d'instruction secondaire. Longtemps M. Boë avait pu suffire à son œuvre ; mais il avait vieilli, sa main faiblissait et le collège commençait à souffrir de cette faiblesse, lorsque M. Boë entendit parler du jeune étudiant. Celui-ci cherchait un moyen de continuer ses études. Il avait vingt ans. Modeste jusqu'à la timidité, ami de la solitude sans être l'ennemi des hommes, sérieux sans être sombre, menant la vie retirée des hommes d'étude, M. Tournié plut au maître qui lui offrit une large part dans la direction de son collège et ne tarda pas à en faire son ami.

De ce jour, sans réforme bruyante, sans aucun de ces coups de vigueur qui raidissent au lieu de les âmes les fléchir, par la seule autorité de son exemple et l'influence de ses conseils, le jeune professeur réforma les abus, remit la discipline en honneur et réunit sous la main du maître toutes ces forces vives de la jeunesse qui commençait à lui échapper. Le premier au devoir, il sut se faire aimer de son indocile et léger entourage ; d'un mot, d'un regard, il savait aller jusqu'au cœur et gagner la confiance de ses élèves ; et, quand il voyait quelques pauvres jeunes gens séduits par de mauvais exemples ou entraînés par une nature en révolte s'égarer dans la voie du mal, il allait à eux avec bonté, il les ramenait au devoir, à l'honneur et à la vertu.

La malignité des plus petits enfants put abuser parfois des studieuses distractions du maître austère qui rarement avait pour eux une caresse ou un sourire, mais La Fontaine n'a point dit que l'âge sans pitié fut sans reconnaissance ; les élèves de M. Tournié témoignaient leur admiration pour leur jeune chef en l'appelant « le saint ! »

M. Boë ne fut pas longtemps à s'apercevoir que la jeunesse de son école devenait plus sérieuse et plus appliquée ; il sut apprécier surtout le dévouement du jeune professeur, qui ne profita jamais de son influence que pour rétablir l'autorité de son maître. Aussi M. Boë aima-t-il bientôt M. Tournié comme son enfant ; il songea même à lui laisser son collège, et, pour lui donner plus de prestige, il l'envoya suivre à Paris les cours des maîtres en renom.

V

M. Tournié ne pouvait repousser la fortune qui lui tendait les bras et réalisait le plus doux et le plus longtemps caressé de ses rêves. Paris n'était point pour lui comme pour beaucoup de jeunes gens de province la ville du plaisir, des folles jouissances, de la vie bruyante et dissipée ; Paris, c'était pour lui le travail, la science, l'avenir ; c'était la joie et l'orgueil de sa mère et le bonheur des siens.

Il partit. Les années qu'il y passa furent des années d'*étude*. Il s'y livra avec une passion que n'arrêtait aucun obstacle. Doué d'une intelligence avide de savoir et merveilleusement disposée pour tous les genres de connaissances, servi par une santé qu'il eut le malheur d'user de bonne heure dans des veilles prolongées, il menait de front la culture des lettres et celle des sciences mathématiques, physiques et naturelles. Le premier aux cours de l'Université, il y assistait avec une curieuse ardeur ; le cours fini, il reprenait le chemin de sa demeure sans répondre aux malignes provocations de camarades moins appliqués, qui, du reste, dès les premiers temps, apprirent à l'estimer. Ils témoignèrent même leur sentiment envers ce studieux collègue par un de ces surnoms de tout temps en usage dans les écoles et qui indiquent souvent une véritable admiration mal déguisée sous une plaisante épigramme. M. Tournié n'était point « le bœuf muet, » il était, qu'on nous pardonne ce mot qui nous paraît le peindre, il était « le petit moine de la Sorbonne. »

Ses maîtres, du reste, les plus illustres de la jeune Université, ne tardèrent pas à remarquer leur fidèle auditeur. Le célèbre M. Gail, le restaurateur des lettres grecques en France, le prit en amitié et l'admit fréquemment dans le cercle d'érudits dont il aimait à s'entourer. Le plus souvent, le jeune étudiant écoutait en silence ; invité parfois à se prononcer sur une question difficile, il le faisait avec une telle maturité de jugement et un si rare bonheur d'expression qu'il aida souvent de ses lumières ceux qui étaient chargés de l'instruire. De jour en jour, il prenait de l'ascendant sur ses camarades ; ses décisions faisaient autorité ; et la légende dit même qu'à l'heure du cours, souvent, quand le maître se faisait attendre, il dut commenter la leçon ; ce qu'il faisait toujours avec une admirable lucidité.

Un incident de son examen de licence est resté célèbre.

L'un des professeurs l'interrogea sur l'Iliade d'Homère. Comme on lui offrait le texte à commenter, M. Gail, qui se trouvait présent, détourna le livre en faisant remarquer qu'il était inutile. Et, en effet, sur l'ordre de l'examinateur émerveillé, M. Tournié allait d'un chant à l'autre, récitait de mémoire les vers qui lui étaient demandés, donnait au passage les notes et les explications des plus célèbres commentateurs, sans omettre les diverses imitations faites par les auteurs latins ou français.

Déjà le familier de M. Gail, M. Tournié, devint bientôt l'ami de M. Burnouf, alors jeune et déjà célèbre débutant à l'Ecole normale. Durant les dernières années de son séjour à Paris, il fut le témoin de ces joutes littéraires qui furent une des gloires de la Restauration; il en fut même jusqu'à un certain point le champion, admis qu'il était dans l'intimité des Dieux. Un poète de vingt ans, suivi par une brillante jeunesse folle d'enthousiasme et d'ardeur, faisait une révolution dans le monde des lettres et jetait un brillant défi à la vieille école classique. La Sorbonne en frémit, et la jeunesse universitaire releva le gant. Homère, Virgile et Racine eurent des vengeurs, qui, dans des commentaires passionnés et d'éloquentes protestations, consacraient l'éternel et invariable principe de la beauté. Ce fut un grand spectacle. L'on vit des chefs descendre au rôle de soldat. Le professeur, laissant sa chaire, rédigeait des ouvrages élémentaires destinés à faciliter l'étude des chefs-d'œuvre classiques; on préparait de nouvelles éditions de nos vieux maîtres pour les faire mieux comprendre et admirer!

L'histoire a gardé quelques noms. Les Gail, les Guizot, les Gérusez, les Villemain, les Patin sont connus de tous ceux dont la littérature occupe la vie ou charme seulement les loisirs. Mais il y avait des combattants moins illustres. Parmi ceux-là, M. Tournié pouvait aspirer à se faire un nom. Il collaborait avec M. Gail à l'édition des classiques grecs donnée par ce savant; il éclaira souvent de ses lumières M. Burnouf qui rédigeait sa grammaire grecque. L'illustre helléniste dans la préface des premières éditions rend hommage aux précieuses communications de son ami.

Cependant, M. Tournié, plusieurs fois lauréat, n'oubliait point son vieux maître d'Agen et songeait au retour.

M. Burnouf essaya de le retenir : « Reste avec nous, lui disait-il, au lieu d'aller t'ensevelir au fond de ta province. Ici, tu peux arriver à tout ! »

M. Tournié souriait dans son cœur et tout en remerciant son ami, il revint à Agen. Il se sentait lié à M. Boé par la reconnaissance et il aurait mieux aimé briser sa vie que briser ce lien. Et puis, la voix de Dieu commençait à se faire entendre ; et il rêvait dans son cœur quelque chose de plus beau que toutes les gloires de la science. Son ambition le poussait plus haut qu'à devenir un illustre professeur : il pensait dès lors à se faire prêtre. Il savait que si le maître ordinaire aime son disciple, le professeur prêtre l'aime deux fois ! il savait aussi que le meilleur moyen de rester l'homme de la science, était de se faire l'homme de Dieu !

VI

A son retour, il fut mis par M. Boé à la tête du collège où ses brillantes leçons attirèrent bientôt une nombreuse et studieuse jeunesse. Mais le jeune maître voyait en vain la gloire le couronner et la fortune lui sourire ; il portait la tristesse dans son cœur où se livrait un violent combat entre la reconnaissance et le devoir ! Il confia ses doutes à M. l'abbé Tailhé, supérieur du Petit-Séminaire qui n'hésita pas : « Dieu vous veut prêtre ! » telle fut la réponse du sage et pieux directeur. M. Tournié voulait obéir, mais pouvait-il abandonner M. Boë qui, loin de soupçonner les desseins de son jeune protégé, songeait à se l'attacher de plus près en le faisant entrer dans sa famille ? A toutes les propositions de son bienfaiteur, M. Tournié répondit en essayant de gagner du temps ; le moment vint néanmoins où il ne put différer sans trahir sa conscience.

La scène fut déchirante.

D'un caractère parfois difficile, mais doué d'une âme d'élite fière, ardente et dévouée, M. Boë s'était sincèrement attaché à son eune ami qu'il regardait comme son enfant, il comptait sur lui pour continuer son œuvre, l'œuvre de toute sa vie ! aussi quand ce pauvre vieillard sentit briser ses dernières espérances, quand il se vit enlever, lui, qui n'ayant plus de foi, hélas ! ne comptait plus sur le ciel, son dernier appui sur la terre ; quand il se vit sur le bord de la tombe abandonner par celui-là même qu'il avait le plus aimé, il mit la tête dans ses mains et il pleura !

C'est la plus rude épreuve que M. Tournié ait jamais eue à subir. Il trouva dans sa foi la force de résister ; et, comme M. Boë tentait pour le détourner un dernier effort : « Mon parti est pris ! dit-il, Dieu m'appelle ! »

Le vieillard alors, pour la première fois depuis bien longtemps leva les yeux vers le ciel comme pour y chercher un appui, et ne trouva que ce mot : « Mon Dieu ! » Ainsi, la douleur lui fit faire un premier pas vers le Dieu de sa jeunesse qu'il avait abandonné. M. Tournié devait achever plus tard l'œuvre commencée : prêtre, il eut le bonheur de voir mourir dans ses bras et mourir repentant, celui que ses prières et son exemple avaient ramené au Dieu dont les malheurs des temps l'avaient éloigné.

On était en 1830.

M. Tournié entrait comme professeur dans ce Petit-Séminaire où il devait terminer sa vie.

Il consacra les premières années de son séjour à se préparer aux Saints Ordres qu'il voyait se rapprocher avec une vive émotion et une certaine frayeur. Elevé sur les genoux d'une pieuse aïeule qui lui avait inspiré pour tout ce qui portait au front l'auréole sacerdotale une vénération craintive ; formé plus tard aux plus sévères principes de la vie chrétienne, par ces prêtres de la Révolution échappés au martyre, graves, austères et sévères à tous, surtout à eux-mêmes ; d'un naturel modeste jusqu'à la timidité, il se défiait de ses propres forces, et n'osait porter ses regards vers ces hauteurs sublimes du sacerdoce qui lui paraissaient illuminées d'une splendeur trop éblouissante pour qu'il put se croire appelé à les gravir.

M. Tailhé heureusement se trouvait là. Quand le jour vint, la frayeur tomba et fit place à l'amour ! Sur les marches de cet autel où il craignait de trouver les foudres du Sinaï, le nouveau prêtre goûta les ineffables tendresses du Thabor !

Cette fête fut la dernière joie de sa vieille mère ! Bientôt après, elle reçut la récompense de sa foi. Quand vint sa dernière heure, elle vit à son chevet la main de son fils s'élever sur sa tête pour le bénir et se tendre pour lui aider à franchir le dernier passage, et lui ouvrir les portes de l'éternité !

VII

Après avoir rempli ce pieux devoir, M. Tournié se renferma dans la solitude et se livra tout entier à ses travaux de professeur.

Chargé d'enseigner les sciences, il sut être simple, lucide, méthodique, il comprenait que l'intelligence du jeune homme ne peut être longtemps retenue captive dans les arides limites des principes abstraits ; il excellait à tirer dès l'abord les conclusions pratiques ou d'en venir à d'intéressantes applications. Il créa dans ce but notre riche cabinet d'histoire naturelle. Une leçon de botanique ou de minéralogie s'achevait souvent par une délicieuse promenade où, sous le contrôle du maître, l'élève appliquait les premières connaissances qu'il avait acquises.

Doué d'une âme élevée et d'une nature délicate, il ne se borna point à donner à ses élèves l'amour du vrai, il sut encore les passionner pour le beau ; il eut le culte de l'art ! il aima nos antiques églises, nos vieux monuments et cette architecture que l'on a si bien appelée : le poétique témoin de l'histoire ! Dessinateur habile il crayonna les figures d'un petit traité d'archéologie destiné à initier ses jeunes auditeurs à ces sublimes beautés !

Le domaine des sciences ne suffisait pas à son activité. Il avait appris à aimer les lettres, il ne leur fut pas infidèle. Des études approfondies sur le génie de la langue grecque, une histoire littéraire des poëtes latins modernes, ouvrage précieux écrit avec un goût sûr, une critique judicieuse, un style clair, rapide et coloré, de nombreuses pièces de vers latins pleines d'élégance et d'harmonie, et surtout une inappréciable collection de documents relatifs à l'histoire d'Agen nous restent comme témoignage de ses connaissances variées et de son infatigable ardeur.

Du reste, simple dans ses manières, affectueux dans ses relations, d'une timide délicatesse dans ses amitiés, il fut aimé de ses confrères, qui surent bientôt bientôt pénétrer la beauté de son âme. Il fit école et mérita d'avoir des imitateurs. A ses côtés ou à sa suite, ses collègues se livrèrent à l'étude avec une dévorante ardeur. D'après ses conseils, parmi beaucoup d'autres écrits scientifiques et littéraires, fut entreprise cette histoire locale, œuvre de patientes recherches et de laborieuse érudition, vrai monument élevé par un de nos vieux maîtres, que je suis heureux de retrouver sous mon regard, à la gloire du sol agenais. Comme dans une famille, les plus jeunes s'inclinent avec respect devant leurs aînés vieillis au combat de l'honneur ou à de généreux travaux, il nous appartient, à nous, les derniers venus dans la milice sacerdotale, de rendre le salut des armes à la noble phalange de nos devanciers.

VIII

Malgré le soin que M. Tournié mettait à dissimuler son mérite, les honneurs l'étaient venus chercher une première fois. Il avait été depuis longtemps déjà nommé chanoine honoraire par Mgr Jacoupy.

En 1849, après la mort de M. Souèges, il fut appelé à la direction du Petit-Séminaire. Nul n'en était plus digne, nul ne l'avait moins désiré. Avoir sous sa main et sous sa responsabilité un peuple d'enfants, légion indocile et difficile à gouverner, tenir lieu du père qui est la force, de la mère qui est la tendresse, prendre des enfants pour en faire des hommes, tel est le devoir du supérieur ordinaire. Dans un séminaire, l'œuvre est plus haute encore ; ce n'est pas seulement un homme qu'il s'agit de former, c'est un lévite, c'est un prêtre !

M. Tournié ne pouvait se résoudre à prendre ce fardeau. Il se

BIBLIOTHÈQUE NATIONALE R.F. IMPRIMÉS

rendit auprès de son évêque, le suppliant de ne plus songer à lui. Il n'avait, à l'entendre, aucune expérience pour la direction des âmes, l'étude des sciences avait desséché son cœur, il ne parlait que difficilement et ne pourrait trouver aucune parole capable d'émouvoir et de persuader ces jeunes âmes; et enfin lui, venu si tard dans le sacerdoce, comment saurait-il imposer les devoirs d'une vocation à laquelle il avait si mal répondu !

Mgr de Vesins l'écoutait en silence : et le regardant avec son grand et fin sourire : « Comment ! mon cher Supérieur, vous prétendez ne point savoir parler, mais vous êtes éloquent ! »

M. Tournié comprit que c'en était fait. Alors, il se prosterna aux pieds de son évêque, et en sanglotant, il lui demanda de ne le point perdre, de le laisser se sauver dans le silence et l'obscurité. Vivement touché lui-même d'une si rare modestie, l'Evêque le releva doucement et le pressant dans ses bras : « Allez, mon cher enfant, dit-il, pour le bien de mon Séminaire, ne me refusez pas ! » — « J'obéirai, Monseigneur, dit M. Tournié, mais votre Grandeur me tue ! » Il était de cette race sacerdotale qui ose dans l'occasion faire entendre de légitimes et respectueuses explications; mais qui, lorsque l'autorité commande, ne sait qu'obéir.

Dès cet instant, il se mit tout entier à son œuvre. Zélé pour la discipline, il voulut y plier l'enfant moins par la crainte que par le sentiment du devoir. Plein d'indulgence du reste pour une oubli : « Si la faute est publique, disait-il à ses collaborateurs, frappez puisqu'il est nécessaire; mais si la faute est cachée, imitez la divine Miséricorde ! »

Il fut un ardent promoteur de l'esprit de piété. C'était aux jours de fête, un touchant spectacle de voir ce vieillard, déjà courbé par l'âge et usé par la souffrance, puiser dans le seul enthousiasme de son cœur quelques accents passionnés animés du souffle de la plus pure charité ! Pour chacun de ses collaborateurs, il fut un ami. Et plus tard, c'était une de ses plus douces joies que de les voir ! Il les pressait avec effusion dans ses bras et parfois même quand il les retrouvait déjà mûrs et chargés de mérites, il ne pouvait retenir ses larmes d'attendrissement.

Durant douze années, il accomplit sa pénible tâche, sans trève et sans défaillance. Développer dans les plus jeunes les bons instincts et étouffer les mauvais germes, concilier chez les plus âgés le respect de la discipline avec le sentiment d'une légitime liberté, prévenir le mauvais esprit en un temps surtout où l'on respirait avec l'air un souffle fatal d'émancipation et d'indépendance ; surveiller l'âge où se développent les passions, faire obéir sans contrainte, contenir sans raideur, encourager sans faiblesse, prévenir la faute plutôt que la réprimer quand elle est commise, tempérer, sans les éteindre, de généreuses ardeurs, attirer l'affection et gagner la confiance, tel fut le but qu'il se proposa d'atteindre.

Que dire de cette vie d'abnégation et de sacrifice qui s'écoule dans l'obscurité, avec une écrasante monotonie, de ce dévouement du prêtre qui s'enferme dans la retraite,, non pour y trouver le charme de la solitude et du silence, mais pour veiller sur des âmes d'enfants ; pour veiller nuit et jour sans aucune consolation humaine, assuré que rarement il verra ce cœur développé par ses soins se tourner vers lui comme la plante vers le soleil, assuré qu'il ne pourra jouir du fruit après avoir cultivé la fleur !

Aussi, mes enfants, quand vous trouvez sur votre chemin des cheveux blanchis à ces ingrats labeurs, saluez avec respect, saluez avec amour ; avec respect, parce que vous êtes devant une des formes les plus sublimes du dévouement ; avec amour, parce qu'il y a dans ce vieillard la main du meilleur des amis pour vous soutenir, le cœur du plus tendre des pères pour vous aimer. Tel fut M. Tournié.

Rien n'échappa à son initiative et à son zèle. L'internat, trop fidèlement copié peut-être sur le modèle des monastères par les moines qui l'ont créé, paraît trop souvent froid et noir. La santé du corps cependant est la première condition du développement de l'âme. L'on connaît l'adage des anciens qu'on se lasse d'entendre, mais qu'on ne devrait jamais se lasser de méditer : « *mens sana in corpore sano.* »

M. Tournié l'avait compris. Si notre Séminaire garde encore au-dehors quelque chose de son antique sévérité, au-dedans il s'est bien rajeuni ; il a ouvert et élargi ses ailes; il a vu tomber de noires murailles qui lui cachaient le ciel ; il s'est entouré d'un joyeux jardin ; notre belle cour s'illumine au moindre rayon et lorsque la cloche arrache nos enfants à leurs jeux, ils viennent avec moins de regret dans cette salle même où ils retrouvent du moins l'air et le soleil, quand le devoir leur enlève la liberté.

M. Tournié aurait fait plus encore si, venues avant l'âge, des infirmités causées par ses travaux ne l'eussent condamné à une retraite prématurée.

D'autres mains ont continué son œuvre. Le séminaire s'est encore embelli, sans compter qu'au dehors pour les jours de congé, il est une heureuse et riante retraite où nos élèves trouvent avec une liberté plus grande, l'air pur des champs, et un immense horizon : *Purior hic aer, late hic prospectus in urbem.*

Monsieur Tournié n'a point fait cela ! notre génération, Monseigneur, qui a été la première à en jouir et la génération présente savent à qui doit remonter la reconnaissance; mais nous n'avons pas oublié de quel air heureux M. Tournié aimait à voir la maison s'agrandir et avec quelle aimable simplicité, il venait se faire fêter à cette campagne de Grammont où il se trouvait à l'aise comme un aïeul au milieu de ses enfants ; heureux et fier de voir réaliser sous ses yeux beaucoup au-delà de ses rêves.

Ce fut la joie de ses derniers jours.

Il les passa dans cette maison qui était pour ainsi dire la sienne, puisqu'il y avait usé sa vie, et que son zèle sacerdotal n'avait pas eu d'autre théâtre. Cette retraite fut encore féconde. Dans un corps épuisé, l'âme restait entière ; la mémoire fidèle et parfois étonnante ; l'intelligence lucide ; le jugement sûr ; le cœur surtout gardait tous les trésors d'une inépuisable bienveillance.

Enfants, sans le connaître, nous avions appris à l'aimer. Nos maîtres se plaisaient à le consulter ; nous le savions et l'on chuchottait dans la cour, des choses merveilleuses sur la science de l'aimable vieillard qui vivait avec nous et que nous regardions, non sans raison, comme le débris d'un autre âge, plus grand, plus fécond, plus savant que le nôtre. Beaucoup de prêtres ne pourront se représenter le Séminaire de leurs jeunes années sans songer au prêtre vénéré qu'ils voyaient tous les jours tantôt venir chercher un peu d'ombre sous nos vieux ombrages, ou sous nos cloîtres un rayon de soleil ; tantôt au jardin où une attention délicate le laissait commander en souverain; à la chapelle surtout où il nous édifiait par son recueillement et sa foi.

Dans cette retraite que le respect et les délicatesses de la plus noble hospitalité lui avaient faite si douce, la mort est venue le prendre. Dès sa jeunesse, il avait coutume de dire à M. le chanoine Duzil, son ami : « Oh ! quand donc pourrons-nous aller là-haut contempler Dieu et revoir tous ceux que nous avons aimés ! » Ce même désir du ciel devait le soutenir dans ses derniers combats.

Enfin, la maladie le cloua sur un lit de douleur.

Quelqu'un lui demandait un jour s'il prierait pour nous quand il serait avec Dieu : « Oh ! oui, dit-il, la reconnaissance est une vertu et les vertus ne meurent point au ciel. » Il nous remerciait avec effusion de nos visites journalières sans songer que nous allions auprès de lui moins pour l'encourager que pour nous édifier au spectacle de sa résignation et de son ardente piété.

Quand la mort vint, il l'attendait ; elle le trouva prêt, résigné, presque joyeux. C'était un jour de fête, le beau jour d'une première communion ! Quelques enfants riches d'innocence, de foi, d'avenir, entraient dans la carrière, pour engager la lutte tandis que chargé de mérites et d'années, ce vieillard, au soir de sa vie s'endormait doucement ! Aux dernières prières, il répondait lui-même d'une voix affaiblie, mais dont les accents remuaient jusqu'au plus intime de nos âmes. Nous étions là tous, à genoux !

La prière terminée, il jeta un long regard autour de lui comme pour nous dire un dernier adieu et il poussa un profond soupir. C'était le dernier ! M. Tournier venait d'entrer dans le champ de son repos.

Et maintenant, en déposant ce faible hommage sur cette tombe à peine fermée, il nous faut tirer un enseignement :

M. Tournier fut l'homme du devoir.

Le vent de la Révolution avait agité son berceau : des cris de haine et de guerre retentissaient encore à côté de son lit de mort. Et durant les longues années de sa vie il avait vu passer les gouvernements et les rois; il avait vu l'Eglise tour à tour triomphante et persécutée. Lui-même il avait vu le sort de la vie le jeter sur des plages diverses; mais partout et toujours, il resta l'homme du devoir.

Ah ! jeunes gens, accepter le devoir quelque temps est facile : on comprend l'héroïsme passager qui trouve dans la gloire et même dans le danger un encouragement et un appui ; mais l'héroïsme de tous les jours et de toutes les heures ; l'héroïsme caché: celui de la sentinelle avancée qui meurt dans l'ombre, celui de la sœur de charité qui veille auprès des mourants et leur prodigue des soins dont elle n'attend ici-bas aucune récompense, l'héroïsme du prêtre qui, dans l'obscurité, sans bruit et sans éclat, lutte toute sa vie pour la cause de Dieu, les hommes l'apprécient moins parce qu'ils ne le connaissent pas. Ils connaissent l'intérêt, l'ambition, la fortune; ils ne connaissent plus ce devoir à qui doit toujours s'immoler la liberté. Eh bien ! à vous, mes enfants, de montrer la voie; quand la voix du devoir vous appelle allez vaillamment sans songer aux ennuis, au péril, à la mort. *Fais ce que dois, advienne que pourra*: c'est cette noble devise de nos pères qui a fait la France, vieille terre de l'honneur et de la foi ; c'est en la pratiquant, avec l'aide de Dieu, qu'il vous sera donné de travailler à la refaire.

BIBLIOTHÈQUE NATIONALE R.F. IMPRIMÉS

Agen, imprimerie F. Lamy.

www.ingramcontent.com/pod-product-compliance
Lightning Source LLC
LaVergne TN
LVHW010257230826
846091LV00007B/3019
9782013735384